Inhaltsverzeichnis

Gott, du hältst die Welt in deiner Hand

Dieses Buch gehört

DANA RIESS ☺

Getauft am 31. AUGUST 1997

in der NIKOLAUS KIRCHE

in BERGEN / FRANKFURT/M.

Paten: URSULA PETER-BEKASINSKI

DANIELA BICKELHAUPT

Taufspruch: DER HERR GIBT WEISHEIT, UND AUS SEINEM MUND KOMMT ERKENNTNIS UND EINSICHT

SPRÜCHE 2,6

Liebe Eltern,

Beten ist, wie ein Gespräch zu führen mit einem guten Freund. Einem, vor dem ich nichts verberge, keine Maske trage, der mich kennt und der mich mag, wie ich bin.

Einige der hier ausgewählten Gebete haben schon viele Menschen begleitet. Sie sind eine Hilfe beim Aussprechen von Sorgen und Ängsten und formulieren Bitte, Dank und Freude in Worten, die uns manchmal fehlen.

Andere Texte rücken vor allem die Lebenswelt von Kindern in den Blick und möchten auch zum Beten mit eigenen Worten ermutigen.

So können Kinder, Eltern und Großeltern erfahren, dass Beten ist, wie an der Hand geführt zu werden. Wir spüren die Geborgenheit, die Liebe, mit der Gott uns umgibt.

Wer hat die Sonne nur gemacht?
Den Mond und auch die Sterne?
Wer hat den Baum ans Licht gebracht?
Die Blumen nah und ferne?
Wer schuf die Tiere groß und klein?
Wer gab auch mir das Leben?
Das tat's du, lieber Gott, allein,
drum will ich Dank dir geben.
Amen.

Lieber Gott,
ich bin aufgewacht
und beginne den neuen Tag.
Ich lebe, ich bin gesund,
ich kann atmen, mich bewegen,
sehen, hören und fühlen,
singen, springen und spielen.
Danke, für diesen neuen Tag.
Gott,
bleib du heute bei mir
und begleite mich auf meinen Wegen.
Amen.

Lieber Gott, ich bin gespannt,
was der neue Tag mir bringt.
Leite mich durch deine Hand,
dass er schön wird und gelingt.
Amen.

Gott, vorüber ist die Nacht,
gesund und froh bin ich erwacht.
Beschütz mich auch an diesem Tag,
dass mir kein Leid geschehen mag.
Amen.

Lieber Gott, du lädst uns ein,
Gast an deinem Tisch zu sein.
Jeden Tag willst du uns geben,
was wir brauchen, um zu leben.
Amen.

Komm, Herr Jesu,
sei du unser Gast
und segne, was du
uns bescheret hast.
Amen.

Alle guten Gaben,
alles, was wir haben,
kommt, o Gott, von dir.
Wir danken dir dafür.
Amen.

Wir wollen danken für das Brot.
Wir wollen helfen in aller Not.
Wir wollen schaffen, die Kraft gibst du.
Wir wollen lieben. Herr, hilf dazu.
Amen.

Wo ich gehe,
wo ich stehe,
bist du, lieber Gott, bei mir.
Wenn ich dich auch niemals sehe,
weiß ich sicher, du bist hier.
Amen.

Wilfried Pioch

Lieber Gott,
es ist schön,
dass ich eine Familie habe.
Ich bete für alle,
die ich lieb habe,
damit du sie beschützt.
Wir haben viel Spaß zusammen,
aber manchmal streiten wir uns auch.
Hilf du uns, lieber Gott,
dass wir uns immer wieder vertragen
und wir uns in die Arme nehmen.
Amen.

Lieber Gott,
danke für meine Freunde!
Zusammen können wir spielen und vieles unternehmen, was alleine nicht so viel Spaß macht.
Ich bin froh, dass meine Freunde mich mögen,
so wie ich bin.
Ich brauche keine Angst zu haben, dass sie mich auslachen. Und wenn ich traurig bin,
kann ich ihnen erzählen warum.
Hilf mir, dass auch ich
für meine Freunde immer da bin.
Amen.

Du kennst mich, Gott, besser als ich selbst.
Du weißt, was ich denke, du kennst meine Pläne.
Wohin ich auch gehe – du weißt Bescheid.
Du hältst deine Hand über mich
und stehst immer auf meiner Seite.
Wenn Not und Leid mich
bedrängen – in deiner
Hand bin ich geborgen.
Wenn es dunkel und
aussichtslos wird –
du gibst mir neuen Mut.

Ich danke dir, Gott:
Du hast die Menschen
geschaffen mit Leib und Seele,
du hast an mich schon gedacht,
bevor ich geboren wurde.
Mein Gott, du wirst
mich nie vergessen,
da bin ich sicher.
Du bleibst bei mir heute
und morgen, mein Leben lang.
Danke.

Nach Psalm 139
Günter Riediger

Guter Gott, dankeschön

2. Lieber Gott, dankeschön! Wenn wir zu der Schule gehn,
geh du bitte, Schritt für Schritt, mit uns allen mit.
Fröhlich gehe ich…

3. Lieber Gott, dankeschön! Wenn wir raus zum Spielen gehn,
bleib bei uns und gehe mit, dass uns nichts geschieht.
Fröhlich gehe ich…

4. Guter Gott, dankeschön! Wenn wir abends schlafen gehn,
gib im Schlaf noch auf uns Acht in der dunklen Nacht.
Fröhlich gehe ich…

Text: Hermann Bergmann
Melodie: Hartmut Wortmann

Wir glauben an dich, Gott, Vater,
der alles erschaffen hat,
alles erdacht und erfunden in der ganzen Welt.
Du bist bei uns und um uns her bei Tag und Nacht.
Du hast die Sonne gemacht,
den Mond und die Sterne,
die Wolken und den blauen Himmel.
Du hast uns Kindern unseren Vater gegeben
und unsere Mutter. Wir alle gehören dir.
Du bist bei uns und um uns her
bei Tag und bei Nacht, Vater im Himmel.
Amen.

Heidi und Jörg Zink

HAPPY BIRTHDAY
PiET

Lieber Gott,
ich freue mich: Morgen ist mein Geburtstag.
Ich habe Freundinnen und Freunde eingeladen,
mit denen ich diesen Tag feiern möchte.
Es ist schön, zusammen zu essen und zu spielen.
Alles ist vorbereitet
und ich freue mich auf meine Gäste.
Sei du bei uns, an diesem Tag.
Amen.

AN·NA31

Gott,
ich freue mich,
dass die Ferien da sind.
Wir wollen verreisen
und ein neues Land kennen lernen.
Behüte uns auf der Fahrt.
Viele Leute sind jetzt unterwegs.
Schenke uns und ihnen
eine schöne Zeit
mit Freude und Erholung.
Amen.

Detlev Block

Gott,
ich bin krank und muss im Bett bleiben.
Ich fühle mich schlapp und mir ist langweilig.
Sei du bei mir,
damit ich bald wieder gesund werde
und aufstehen kann.
Hilf mir, dass ich Geduld habe.
Geduld haben ist gar nicht so einfach,
wenn mir etwas wehtut.
Lieber Gott, ich bin aber froh, dass ich
Besuch bekomme und ich danke dir für alle,
die mir jetzt helfen. Amen.

Lieber Gott,
ich sehe so oft Bilder von Menschen, die arm sind, die nichts zu essen und zu trinken haben und die frieren müssen. Oft haben andere daran Schuld, weil sie nicht teilen wollen oder Kriege machen.
Lieber Gott, hilf du uns und allen Menschen, zu lernen, wie wir teilen und liebevoll und in Frieden miteinander leben können.
Amen.

Auf der Erde ist viel Not:
Hunger, Armut, Krieg und Tod.
Lass uns, wo wir können, teilen
und die Not ein wenig heilen.
Alle Wunden, die noch brennen,
schließe zu,
und wo wir nicht helfen können,
da hilf du.
Amen.

Detlev Block

Müde bin ich, geh zur Ruh,
schließe beide Augen zu:
Vater, lass die Augen dein
über meinem Bette sein.

Alle, die mir sind verwandt,
Gott, lass ruhn in deiner Hand.
Alle Menschen, Groß und Klein,
sollen dir befohlen sein.

Kranken Herzen sende Ruh.
Nasse Augen schließe zu.
Lass den Mond am Himmel stehn
und die stille Welt besehn.
Amen.

Herr, du hast mich heut bewacht,
beschütz mich auch in dieser Nacht.
Du sorgst für alle, Groß und Klein,
drum schlaf ich ohne Sorgen ein.
Amen.

Textnachweise

Seite 3: Wer hat die Sonne nur gemacht…, aus: Lieber Gott, ich danke dir, Seehammer Verlag GmbH, Weyarn
Seite 7: Lieber Gott, ich bin gespannt…, aus: Lieber Gott, ich danke dir, Seehammer Verlag GmbH, Weyarn
Seite 8: Lieber Gott, du lädst uns ein…, aus: Das Kindergesangbuch, Claudius Verlag, München 1998
Seite 11: Wilfried Pioch, Wo ich gehe…, aus ders., Gott, du hast mich lieb, © Agentur des Rauhen Hauses Hamburg 1998
Seite 16: Günter Riediger, Du kennst mich Gott, aus: ders., Gott, du bist mein Freund, Geschichten und Gebete für Mädchen und Jungen, © Verlag Butzon und Bercker, Kevelaer 1998, S. 75
Seite 21: Wir glauben an dich, Gott, Vater…, aus: Heidi und Jörg Zink, Wie Sonne und Meer einander rufen, Kreuz Verlag Stuttgart 1980, S. 85f, Auszug
Seite 25: Detlev Block, Gott, ich freue mich, © mit freundlicher Genehmigung des Autors
Seite 29: Detlev Block, Auf der Erde ist viel Not, aus: ders., Leselöwen Kindergebete, © Loewe Verlag, Bindlach 1987
Seite 32: Der Herr segne uns…, aus: Das Kindergesangbuch, Claudius Verlag München 1998

Wir haben uns bemüht, alle Zitate zu verifizieren und mit einem Quellennachweis zu belegen. Dies ist uns in einigen Fällen nicht gelungen. Wir bitten die Autoren und Verlage dieser Textstellen, mit uns Verbindung aufzunehmen.

Die Schreibweise folgt den Regeln der neuen Rechtschreibung.

Illustrationen: Anna de Riese

Satz: Gestaltung + Verlags-Service, Rosengarten
Schrift: Tekton
Lithos: connected 2000, Hamburg
Druck: Druckerei Buchheister KG, Lüneburg
Der Umwelt zuliebe gedruckt auf chlorfrei gebleichtem Papier
ISBN 3 7600 2428-9 · Best.-Nr. 1 2428-9